Seres vivos y no vivos en un ecosistema

William B. Rice

Asesora

Leann Iacuone, M.A.T, NBCT, ATC
Riverside Unified School District

Créditos de publicación

Rachelle Cracchiolo, M.S.Ed., *Editora comercial*
Conni Medina, M.A.Ed., *Gerente editorial*
Diana Kenney, M.A.Ed., NBCT, *Editora principal*
Dona Herweck Rice, *Realizadora de la serie*
Robin Erickson, *Diseñadora de multimedia*
Timothy Bradley, *Ilustrador*

Créditos de las imágenes: págs.3-4, 9, 10, 12, 14-15, 17, 18, 20-24, 23, 24, 27, 31-32, Contraportada iStock; pág.5 NASA; págs.6, 25 Gary Hincks/Science Source; pág.7 Richard Bizley/Science Source; pág.8 (fondo), pág.11 Wally Eberhart/Getty Images; pág.13 (superior) Nigel Cattlin/Science Source, (inferior) David Scharf/Science Source; las demás imágenes cortesía de Shutterstock.

Teacher Created Materials

5301 Oceanus Drive
Huntington Beach, CA 92649-1030
http://www.tcmpub.com
ISBN 978-1-4258-4710-4
© 2018 Teacher Created Materials, Inc.
Printed in China

Contenido

La Tierra, nuestro hogar

Seguro, es nuestro hogar. ¿Pero qué hace que este lugar llamado Tierra sea tan sobresaliente como creemos que es?

Ya sea que vivas en una ciudad grande, un campo rural tranquilo, o en algún lugar en el medio, puedes ver que hay mucha vida en la Tierra. Observa las aves y las mariposas. Nota las montañas y las nubes, las rocas y los suelos, los olores y los sonidos. Mira la refrescante sombra debajo de un majestuoso árbol. Siente el exquisito olor de una rosa en un día soleado y el vibrante aroma del aire después de la lluvia. Escucha los sonidos únicos de chillidos y graznidos de los cuervos y el sonido mágico del zumbido de un colibrí. Observa también las estaciones del año.

La vida más allá

Muchos científicos creen que un planeta debe tener mucho carbono, agua y algunos otros elementos para que exista la vida. Además, el planeta debe ser del tamaño adecuado y estar a una distancia apropiada de su estrella. Sin embargo, no lo sabemos con certeza, ya que no hemos encontrado vida en otro lugar que no sea la Tierra.

4

Cada una de estas cosas es digna de tener en cuenta. Pero su importancia no está en su belleza o en su utilidad. No, lo que las hace importantes, lo que hace que la Tierra sea sobresaliente, es el simple hecho de que en este planeta tenemos seres vivos y seres no vivos. Y en todo este vasto universo, la Tierra es el único lugar donde *ciertamente* sabemos que hay esta combinación.

¡Eso es sobresaliente!

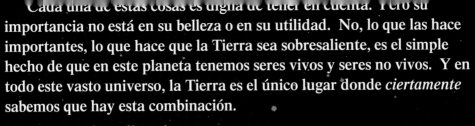

En búsqueda de más

En el 2003, la NASA envió dos exploradores robóticos a Marte. Su misión era observar y enviar datos a la Tierra. A partir de enero del 2014, los exploradores comenzaron a buscar evidencia de vida antigua en Marte.

El desarrollo de la vida

La Tierra no siempre ha sido como es. La Tierra ha pasado por muchos cambios durante su larga existencia. Hubo una época, cuando la Tierra se formó por primera vez, que estaba muy caliente y tenía una superficie volcánica fundida. No había vida.

Sin embargo, con el tiempo, la Tierra se enfrió. Se comenzó a formar una corteza sólida. Se comenzó a acumular agua líquida. La **atmósfera** tenía muy poco oxígeno y no hubiera sido capaz de sustentar las criaturas que están vivas en la actualidad. Pero con el tiempo, se desarrollaron **organismos** primitivos. Podían vivir en estas difíciles condiciones. Estos organismos comenzaron a cambiar la Tierra poco a poco. Sobre todo, comenzaron a cambiar la atmósfera.

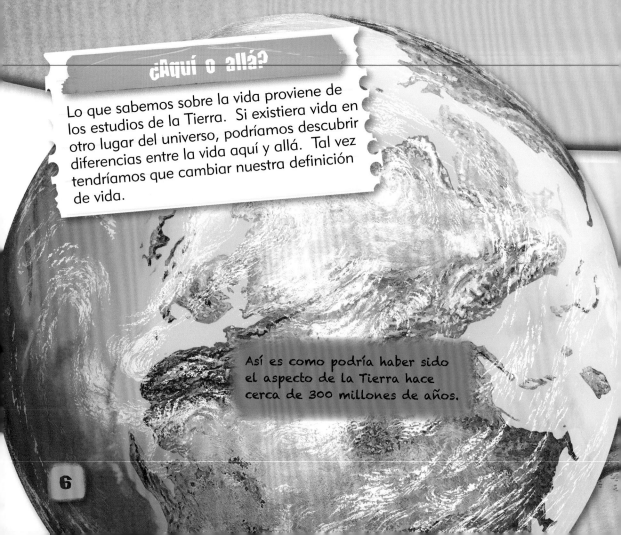

¿Aquí o allá?

Lo que sabemos sobre la vida proviene de los estudios de la Tierra. Si existiera vida en otro lugar del universo, podríamos descubrir diferencias entre la vida aquí y allá. Tal vez tendríamos que cambiar nuestra definición de vida.

Así es como podría haber sido el aspecto de la Tierra hace cerca de 300 millones de años.

Hay muchas formas en las que este planeta se pudo haber desarrollado. Pero la historia sobre cómo evolucionó la vida aquí incluye las condiciones correctas que de alguna manera se juntaron. ¡Esas son buenas noticias para todos los seres vivos de la Tierra!

Ahora, ¿qué hace que algo sea vivo? Es una definición complicada con muchos puntos de vista. Pero la mayoría de los científicos están de acuerdo en algunos conceptos básicos. Los seres vivos…

- son complejos y muy organizados en su composición.
- obtienen **energía** de sus alrededores y usan esa energía.
- están en **homeostasis**: condiciones equilibradas internamente que permanecen principalmente iguales.

- crecen y se desarrollan.
- se reproducen.
- responden a los **estímulos**.
- evolucionan.
- tienen ADN o ARN.

En 1999, los científicos encontraron bacterias que tenían más de 250 millones de años.

El cambio es inevitable

Los seres no vivos pueden cambiar los **ecosistemas**. Los volcanes no están vivos y, sin embargo, pueden hacer que un medio ambiente cambie por completo. ¡También pueden hacerlo los terremotos!

A veces, las diferencias entre vivo y no vivo pueden parecer confusas. Por ejemplo, hay seres no vivos como los cristales que crecen y responden a los estímulos. Pero no están vivos. ¡Se han escrito libros completos solo sobre la definición de vida! Y todos los días, los científicos hacen nuevos descubrimientos. Comprenden la vida un poquito más.

Sin importar cómo la definamos, sabemos que la vida se desarrolló en la Tierra por medio de condiciones muy particulares. ¡Es más, la vida ha afectado el planeta de manera tal que nueva vida sigue evolucionando! Por ejemplo, la atmósfera de la Tierra en la actualidad es así a causa de la vida que ha poblado el planeta a lo largo del tiempo. La atmósfera ahora es bastante diferente de su primera composición. Y la vida ha influido en la **geología** de la Tierra. ¡Algunas rocas están compuestas de materiales que alguna vez formaron parte de organismos vivos!

Los ecosistemas de seres vivos y seres no vivos se influencian entre sí de más maneras de las que conocemos. Los seres vivos dependen de los seres no vivos para existir. Y los seres no vivos se ven modificados por la existencia de los seres vivos. Por eso, el planeta Tierra es un sistema en evolución. Si pudiéramos viajar a un futuro lejano, ¡quién sabe lo que veríamos!

En el medio

Los virus son un tema de debate cuando se trata de la vida. Algunos dicen que son seres vivos porque crecen, evolucionan y tienen su propio ADN o ARN. Pero los virus no absorben la energía sin ayuda y tampoco pueden reproducirse sin ayuda. ¿Crees que son seres vivos o no vivos?

virus del Ébola

En lo profundo

Incluso seres tan pequeños como las lombrices pueden afectar a los seres no vivos. Agregan agua y aire al suelo. Descomponen las plantas muertas y las convierten en materia que las plantas pueden usar. De hecho, el excremento de las lombrices es un fertilizante que ayuda a las plantas a crecer.

Grandes áreas de vegetación ayudan a crear una atmósfera que posibilita la vida de los animales, como los seres humanos.

El suelo

El suelo es, tal vez, una de las cosas más importantes de un ecosistema. Es el material suelto que sientes debajo de los pies cuando caminas por el campo o el bosque. Las plantas entierran las raíces en lo profundo del suelo. Sin el suelo, las plantas no podrían crecer ni vivir y los animales no tendrían comida.

Las personas han estudiado el suelo durante siglos y han descubierto que hay muchos tipos de suelos diferentes. Las plantas se han **adaptado** para crecer ahí. El suelo está compuesto de varias partes importantes. Incluyen materiales de roca, trozos de plantas y animales muertos, líquidos, aire y **microorganismos**.

Roca madre

Los pequeños trozos de rocas y minerales que constituyen la tierra se forman a partir de la roca madre. La roca madre son todas las rocas y los minerales que se convierten en parte de la tierra.

El suelo puede tomar cientos de miles de años en formarse.

El mejor tipo de tierra para cultivar alimentos se llama *suelo franco*. El suelo franco está compuesto de arena, limo y arcilla. Esta combinación de partículas permite que el aire y el agua fluyan con facilidad. La arcilla y el limo retienen la humedad. Pero la arena garantiza que la planta no reciba demasiada agua.

arena

suelo franco

arcilla

Materiales de roca

Primero, analicemos los materiales de roca. ¿De dónde provienen? De hecho, son pequeños trozos que se desprendieron de rocas más grandes y fueron desplazados hacia áreas más bajas por la acción del viento o el agua. Estos pequeños trozos de roca son materiales no vivos. Los seres humanos los clasifican principalmente por tamaño. La arcilla es la clase más pequeña de partícula de roca. El siguiente en tamaño es el limo, y un poco más grandes incluso son las partículas de arena. La mayoría de los suelos tienen algunas partículas de cada uno de estos grupos. Estas partículas proporcionan estructura y soporte para las otras partes del suelo. También aportan los minerales y **nutrientes** para que las plantas y los organismos los usen para sus procesos de vida y crecimiento.

Descomponedores

El suelo no está compuesto únicamente de pequeñas partículas de roca. También está compuesto por pequeños trozos de plantas y animales muertos. Cuando una planta o un animal mueren, caen al suelo. Las partes de la planta como las hojas y ramas muertas también lo hacen. Comienzan a pudrirse y **descomponerse**, o desintegrarse. Los descomponedores, una parte importante de todos los ecosistemas, son los que desintegran la materia. Los descomponedores son principalmente insectos y microorganismos. El suelo está lleno de estos organismos. Incluyen las bacterias y los hongos. Los hongos son un grupo de organismos comunes que incluyen la levadura, el moho y las setas con **micelios**. Tal vez hayas visto que crezca moho en el queso o el pan después de varios días. Y tal vez conoces mejor el micelio por sus frutos: los champiñones. Los micelios son organismos subterráneos que forman amplias redes de **filamentos** en el suelo. Cuando el momento es apropiado, crecen los champiñones.

queso azul

Moho beneficioso

Aunque el moho es malo para la salud, algunos tipos de moho se usan en las cosas que comemos. El moho se usa para producir ciertos tipos de quesos, como el queso azul. También se usa en antibióticos como la penicilina.

La palabra *microorganismo* es la forma abreviada para organismo microscópico.

red de micelios expuesta

Pequeños pero importantes

En el suelo hay mucho más de lo que pueden ver los ojos. Hay agua y organismos vivos. ¡Puedes encontrar más microorganismos en una cucharadita de suelo que personas en el planeta!

bacterias en el suelo

13

En lugar de semillas, los hongos tienen esporas. Liberan las esporas que vuelven a la tierra. Comienzan a desarrollar nuevos filamentos. Se conectan con otros filamentos para formar redes nuevas de micelios. Al hacerlo, rompen las rocas. También descomponen plantas y animales muertos y producen los nutrientes que pueden utilizar las plantas. Además, los micelios utilizan minerales que provienen de los pequeños trozos de roca. También usan la energía y los nutrientes de las plantas y los animales muertos.

Agua y aire

El agua y el aire también son partes importantes no vivas del suelo. El agua es un componente especial que utilizan casi todas las formas de vida sobre la Tierra. Muchos científicos consideran que el agua es, tal vez, la necesidad más básica de los seres vivos.

Las plantas necesitan el agua para crecer y vivir. Las plantas usan el agua para la **fotosíntesis**. También la usan para movilizar sus nutrientes dentro del cuerpo de la planta. El agua ocupa casi todo el espacio dentro de las **células** de las plantas. La presión del agua en las plantas las ayuda a mantenerse erguidas. También las ayuda a orientar las hojas para que reciban la luz solar.

Dentro del suelo, el agua disuelve los minerales y nutrientes de las partículas de roca. También lo hace con los materiales de las plantas y los animales muertos. Al mismo tiempo, estas partículas y materiales proporcionan el espacio y la estructura para el agua.

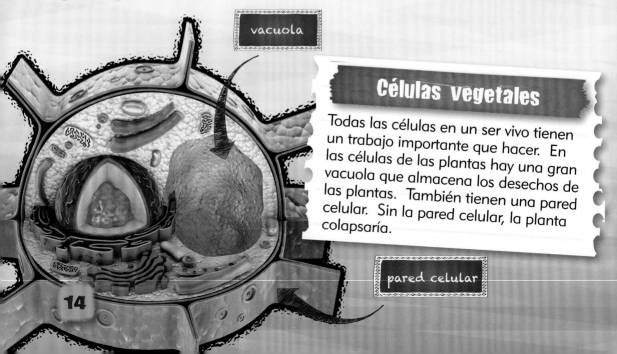

vacuola

Células vegetales

Todas las células en un ser vivo tienen un trabajo importante que hacer. En las células de las plantas hay una gran vacuola que almacena los desechos de las plantas. También tienen una pared celular. Sin la pared celular, la planta colapsaría.

pared celular

📶 100% 🔋

El ciclo del nitrógeno

Uno de los ciclos más importantes de la Tierra, el ciclo del nitrógeno, es un ciclo en el que el nitrógeno en el aire y el suelo se convierte en sustancias que utilizan las plantas y que luego regresan al aire y al suelo cuando las plantas se descomponen.

Se libera nitrógeno adicional en el aire.

El nitrógeno cae en la lluvia.

Los desechos y la descomposición devuelven nitrógeno al suelo.

Las bacterias fijan el nitrógeno.

Las plantas toman el nitrógeno fijado.

El aire también se encuentra en el suelo. En promedio, el suelo contiene un 25 % de oxígeno. Los microorganismos que viven en la tierra necesitan oxígeno para vivir. Nuestro cuerpo también necesita oxígeno para funcionar correctamente. Respiramos el oxígeno del aire que nos rodea. El oxígeno que inhalan los pulmones permite al cuerpo funcionar correctamente. Cuando ingerimos alimentos, las células producen energía. Estas células son alimentadas por el oxígeno. Las plantas necesitan el dióxido de carbono para funcionar correctamente. Las plantas obtienen el dióxido de carbono del aire que hay en el suelo y del que hay por encima del nivel del suelo. Las raíces de las plantas no solo absorben el agua del suelo, sino también el oxígeno.

Inhalamos oxígeno y exhalamos dióxido de carbono. Las plantas inhalan dióxido de carbono y exhalan oxígeno. Las plantas y los tejidos de animales muertos también liberan dióxido de carbono. Parte de este dióxido de carbono se encuentra en el suelo y es usado por las plantas. ¡Este intercambio es una alianza poderosa! Demuestra muy bien la interdependencia de los seres vivos y los no vivos.

Sin las plantas, los seres humanos no tendrían el oxígeno que necesitan para sobrevivir.

Aumento del CO₂

El dióxido de carbono retiene el calor en el ambiente. Por lo general, esto ayuda a moderar las temperaturas. Pero en el 2010, los científicos descubrieron que el suelo y las plantas están liberando más dióxido de carbono de lo que liberaban en el pasado.

Datos: Centro de Análisis de Información sobre el Dióxido de Carbono

Cerca de un 50 % del suelo es aire y agua.

La atmósfera

La atmósfera es la capa de aire que rodea la Tierra. También es un componente no vivo que afecta todas las formas de vida en los ecosistemas de la Tierra. Está principalmente compuesta de nitrógeno y oxígeno. Un pequeño porcentaje es vapor de agua.

Los procesos que se producen en la atmósfera de la Tierra influyen en todos los tipos de ecosistema. Como ya sabemos, una parte importante de la atmósfera de la Tierra es el oxígeno. Los animales necesitan oxígeno para vivir. Lo inhalamos sin siquiera pensarlo. El cuerpo utiliza este oxígeno para muchos de los procesos de vida normales. La atmósfera también tiene dióxido de carbono. Las plantas lo necesitan al igual que nosotros necesitamos el oxígeno. Las células de las plantas utilizan dióxido de carbono para convertir la luz solar y el agua en alimento.

rayos

granizo

huracán

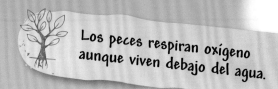

Los peces respiran oxígeno aunque viven debajo del agua.

El ciclo del oxígeno

El ciclo del oxígeno es el movimiento de los átomos de oxígeno desde la atmósfera hacia las plantas y los animales y, por último, a la corteza de la Tierra. Luego, el oxígeno de la corteza de la Tierra vuelve a la atmósfera o los animales y las plantas lo toman.

El proceso más evidente en la atmósfera es el tiempo atmosférico. La atmósfera contiene mucha energía y mucho calor. Esta energía y este calor se diseminan de forma no uniforme. Por eso, hay vientos y corrientes que distribuyen el vapor de agua por toda la Tierra. Esto crea tormentas de todos los tamaños, desde tormentas pequeñas hasta huracanes. En cada tormenta, el vapor de agua cae a la Tierra en forma de lluvia, nieve, aguanieve o granizo. Esto lleva el agua a los ecosistemas para que las plantas y los animales puedan usarla.

La energía en la atmósfera también influye en el frío o el calor que hará. En algunos ecosistemas, como los polos, hace frío la mayor parte del año. Los ecosistemas alrededor del ecuador son cálidos o calurosos la mayor parte del año. Los ecosistemas que están en el medio tienen períodos de tiempo atmosférico más caliente o más frío. Esto depende, en gran medida, de las estaciones.

El tipo usual de tiempo atmosférico en un lugar es su clima. El clima se basa, en parte, en los patrones de las temperaturas y la **precipitación**. Estos patrones afectan a las plantas y a los animales. Ciertos tipos de plantas y animales se han adaptado a vivir en climas diferentes. Los climas tropicales son, usualmente, cálidos y lluviosos a lo largo del año. Las plantas y los animales que viven allí necesitan mucha agua y una temperatura agradable. Las plantas y los animales que viven en climas áridos han evolucionado para crecer bien con poca agua y calores o frío extremos.

Existen muchos tipos diferentes de climas.

clima mediterráneo

Los seres humanos somos ahora tan numerosos y activos que hemos afectado el clima y la atmósfera de la Tierra. Usamos los combustibles fósiles de muchas maneras. Esta acción ha liberado dióxido de carbono y otros gases a una mayor velocidad de la que se pueden usar. Estos gases hacen que la atmósfera retenga más calor del que ha retenido en el pasado. El calor adicional comienza a generar cambios en el clima y el tiempo atmosférico. Estos cambios incluyen tormentas más fuertes, temperaturas más calientes y sequías extremas.

Las temperaturas promedio en el mundo aumentaron alrededor de 1 °C (1.8 °F) en el siglo XX.

clima tropical

clima árido

El pico de esta montaña en Colorado es un ejemplo de cómo la luz solar impacta un lado de la montaña más que el otro.

La ubicación cuenta

Una condición importante para la vida de los ecosistemas incluye la orientación respecto al sol. La orientación es el modo en el que un accidente geográfico está ubicado en relación con los rayos del sol. He aquí un ejemplo: imagina que una montaña tiene una pendiente orientada hacia el sur y una orientada hacia el norte. En América del Norte, la pendiente orientada hacia el sur recibe la luz solar de forma más directa que la pendiente orientada hacia el norte. Debido a esto, la nieve permanecerá en la pendiente orientada hacia el norte más tiempo que en la orientada hacia el sur. La mayor parte de la nieve que se derrite también llega al suelo de la pendiente orientada hacia el sur. Esto se debe a que recibe más sol, la nieve se derrite antes y más agua se evapora y regresa a la atmósfera. Un lado recibe y conserva mucha más agua que el otro lado. Por eso, hay diferentes tipos de suelos y de plantas y animales en cada pendiente, aunque sea la misma montaña. Una pendiente tiene más agua y la otra tiene menos; una tiene más sol y la otra menos. Los ecosistemas de cada pendiente son, por lo tanto, muy diferentes.

Adaptación

Las cabras se han adaptado a las variadas temperaturas de los climas de las Rocosas. Los gruesos pelajes las protegen del frío en invierno. Pierden el pelaje en verano, cuando la temperatura sube.

Debido a la altura, las montañas interceptan la humedad de la atmósfera. Hay más lluvia en un lado de la montaña. Al otro lado de la montaña hay mucha menos agua y más áreas secas, incluso desiertos. La región que recibe menos lluvia se denomina *sombra pluvial*. El Valle de la Muerte, en California, es un desierto seco y caliente a causa de la sombra pluvial. Ahí residen plantas suculentas, cactus, liebres y pumas.

En el ecuador, hay más luz solar directa que en los polos norte y sur de la Tierra. Esto afecta de manera notable el tiempo y los patrones del clima. El clima del ecuador es caluroso y lluvioso. Ahí deambulan los monos, las tarántulas y los antílopes. El clima es mucho más frío y tiene mucha menos lluvia en los polos norte y sur. El zorro del Ártico, el búho nival y el reno viven ahí. Entre los trópicos y los polos, los climas varían debido a las estaciones y a los patrones del viento. En algunos lugares hay más agua que en otros. Algunas áreas pueden ser desiertos extremadamente secos. Otras pueden ser muy frías.

La altitud también cumple un papel importante en la vida y la falta de vida de los ecosistemas. En lo alto de las montañas, hace más frío y hay más precipitación. También hay menos oxígeno. Las plantas y los animales han evolucionado y se han adaptado para crecer bien en estas condiciones.

El Valle de la Muerte

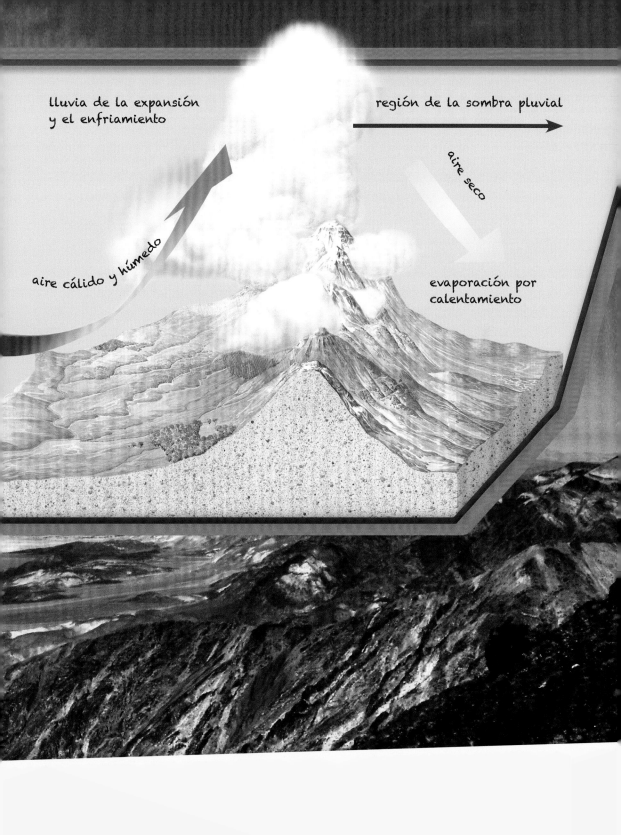

lluvia de la expansión
y el enfriamiento

región de la sombra pluvial

aire seco

aire cálido y húmedo

evaporación por
calentamiento

Un planeta saludable

La interdependencia es clave para estudiar los seres vivos y no vivos de la Tierra. No cabe duda de que los seres vivos dependen de los seres no vivos para desarrollarse. El aire, el agua, el suelo y mucho más son fundamentales para permitir la vida y vivir bien. Y aunque los seres no vivos no dependen de los vivos para existir, sufren el impacto de los seres vivos.

Pero más que cualquier otro ser vivo, el ser humano tiene más posibilidades de afectar y alterar el planeta. Es una ironía interesante que, aunque dependemos de que las condiciones de la Tierra permanezcan exactamente como están para poder vivir, también podemos ser muy descuidados con el planeta. Con frecuencia damos por hecho que los recursos siempre estarán ahí y usamos más de los que necesitamos. Olvidamos fácilmente que las condiciones del planeta son las que nos sustentan. A menudo, las alteramos sin considerar o pensar en el futuro.

Nuestro planeta evoluciona todo el tiempo, igual que la vida. El cambio no es algo malo. Pero el cambio que altera los procesos de la vida puede ser dañino. No solo puede dañar la Tierra sino también a la humanidad. En la ecuación de la interdependencia, los seres vivos y los no vivos deben estar en equilibrio. Y eso equivale a un planeta saludable para todos los seres vivos.

Los vehículos eléctricos ayudan a reducir el dióxido de carbono que se libera en la atmósfera.

Piensa como un científico

¿Cómo se afectan entre sí los seres vivos y los no vivos? ¡Experimenta y averígualo!

Qué conseguir

- 5 ó 6 lombrices
- agua
- arena
- guantes de jardinería
- hojas

- papel o trozo de tela oscuro
- recipiente grande de vidrio con tapa, como una ensaladera o un acuario
- tierra de jardinería

Qué hacer

1 Humedece la tierra y la arena. Nivela la arena en la parte inferior del recipiente.

2 Nivela la tierra sobre la arena. Coloca las hojas sobre la tierra.

3 Con cuidado, coloca las lombrices sobre las hojas y coloca la tapa en el recipiente. Asegúrate de que tenga orificios para el paso del aire.

4 Cubre los lados del recipiente con el papel o trozo de tela oscuros, de manera que el interior del recipiente quede oscuro. Todos los días, levanta el papel o trozo de tela para ver el interior. (Asegúrate de mantener la tierra y la arena húmedas para que no se sequen). Toma notas y fotografías de los cambios que ves cada día. ¿Qué observas?

Glosario

adaptado: modificado para vivir con más facilidad en un lugar en particular

atmósfera: la masa de aire que rodea la Tierra

células: unidades básicas de la vida

descomponerse: desintegrarse lentamente

ecosistemas: comunidades de seres vivos y no vivos en medios ambientes particulares

energía: la potencia que puede utilizarse para hacer algo

estímulos: cosas que causan un cambio o una reacción

filamentos: fibras delgadas similares a un hilo

fotosíntesis: el proceso en el cual las plantas usan la luz solar para mezclar agua y dióxido de carbono para producir su alimento (glucosa)

geología: el estudio de las rocas y otras sustancias que constituyen la superficie de la Tierra

homeostasis: un estado de equilibrio relativamente estable

micelios: el cuerpo vegetal del hongo, compuesto por una masa de filamentos ramificados que se dispersan por el suelo

microorganismos: pequeños seres vivos que solo pueden ser vistos con un microscopio

nutrientes: sustancias que necesitan los seres vivos para crecer

organismos: seres vivos

precipitación: agua que cae al suelo en forma de lluvia, nieve, granizo o aguanieve

Índice

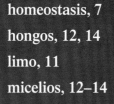

Agua, agua en todas partes

El agua es una de las cosas no vivas fundamentales para sustentar la vida. Toma un cuaderno y escribe todos las señales de agua que veas en un día. Escribe también el modo en el que los seres vivos usan el agua. ¿Qué puedes determinar sobre el agua a partir de lo que ves?